my body belongs to me

A book about body safety

mi cuerpo me pertenece

Un libro sobre el cuidado contra el abuso sexual

Jill Starishevsky

Ilustrado por Angela Padrón
Traducido por Edgar Rojas, EDITARO

free spirit
PUBLISHING®

Text copyright © 2014 by Jill Starishevsky
Illustrations copyright © 2014 by Angela Padrón
Translation copyright © 2020 by Free Spirit Publishing Inc.

All rights reserved under International and Pan-American Copyright Conventions. Unless otherwise noted, no part of this book may be reproduced, stored in a retrieval system, or transmitted in any form or by any means, electronic, mechanical, photocopying, recording or otherwise, without express written permission from the publisher, except for brief quotations and critical reviews. For more information, go to freespirit.com/permissions.

Free Spirit, Free Spirit Publishing, and associated logos are trademarks and/or registered trademarks of Free Spirit Publishing Inc. A complete listing of our logos and trademarks is available at freespirit.com.

Library of Congress Cataloging-in-Publication Data
This book has been filed with the Library of Congress.
LCCN: 2019035445
ISBN-13: 978-1-63198-476-1

Free Spirit Publishing does not have control over or assume responsibility for author or third-party websites and their content. At the time of this book's publication, all telephone numbers and website URLs are accurate and active and all have been verified as of September 2019. If you find an error or believe that a resource listed here is not as described, please contact Free Spirit Publishing.

Reading Level Grade 1; Interest Level Ages 3–8
Fountas & Pinnell Guided Reading Level J

Edited by Alison Behnke
Translated by Edgar Rojas, EDITARO

10 9 8 7 6 5 4 3 2 1
Printed in the United States of America
B10951119

Free Spirit Publishing Inc.
6325 Sandburg Road, Suite 100
Minneapolis, MN 55427-3674
(612) 338-2068
help4kids@freespirit.com
freespirit.com

SUSTAINABLE FORESTRY INITIATIVE
Certified Chain of Custody
Promoting Sustainable Forestry
www.sfiprogram.org
SFI-01268

SFI label applies to the text stock

Free Spirit offers competitive pricing.
Contact edsales@freespirit.com for pricing information on multiple quantity purchases.

Dedication

For Ted, Ally, Becca, and Emma, the loves of my life. And for T.T., whose courage beyond her years became my inspiration.

Acknowledgments

Special thanks to Robert T. Johnson, Bronx County District Attorney, who has given me the opportunity to do the job I love, and to Elisa Koenderman and Joseph Muroff, former and current chiefs of the Bronx County District Attorney's Child Abuse and Sex Crimes Bureau, respectively, whose guidance and support have been instrumental in my development as a prosecutor.

Thanks also to Pamela Pine from *Stop the Silence*, for her wealth of information about child sexual abuse. And of course, thanks to my family for their feedback and constant support, and to my husband and biggest fan, Ted, who is my collaborator and partner in all ways, and is forever helping me multitask.

Dedicatoria

Para Ted, Ally, Becca y Emma quienes son los amores de mi vida. Y para T.T. cuya valentía que sobrepasa su edad se convirtió en mi inspiración.

Agradecimientos

Quiero dar especialmente las gracias a Robert T. Johnson, Fiscal de Distrito del Condado de Bronx, quien me ha dado la oportunidad de realizar el trabajo que me apasiona y a Elisa Koenderman y Joseph Muroff, la directora anterior y el director actual respectivamente de *Bronx County District Attorney's Child Abuse and Sex Crimes Bureau* (Oficina de abuso infantil y delitos sexuales de la fiscalía de distrito del condado de Bronx), cuya guía y apoyo ha sido de gran valor en mi desarrollo como fiscal.

También agradezco a Pamela Pine, de la organización *Stop the Silence*, por su invaluable información sobre el abuso sexual infantil. Y, por supuesto, gracias a mi familia por las recomendaciones y el constante apoyo. A Ted, mi esposo y más grande admirador, mi colaborador y compañero en todo y siempre me ayuda en mis tareas.

A Letter to Grown-Ups

Among the first things we teach children is to name the various parts of their bodies. As they grow older, this conversation should go a step further: some parts of their bodies are private and belong just to them.

Just as we teach young people what to do in case of fire, we must teach them what to do if someone touches them inappropriately—or forces them to touch others inappropriately. The central message of *My Body Belongs to Me* is this: if someone touches you, *tell*.

Unfortunately, the overwhelming majority of sexually abused children *don't* immediately disclose the abuse. As a result, the abuse can often grow more serious. There are many reasons for a child's silence. Perhaps the abuser says it's a secret. Maybe the child believes that they are at fault. Without being taught that their body has boundaries, a child may be too young to understand that the behavior is wrong.

Any child, regardless of gender, age, or background, may become a victim of abuse. Yet adults often don't know how or when to approach this topic with young children. Written for 3- to 8-year-olds, *My Body Belongs to Me* can help you start this difficult discussion and talk about body boundaries and safety with children in a straightforward, sensitive way.

Jill

P.S. On pages 24–26, you'll find suggestions for sharing this book with children. And on pages 26–27, you'll see a list of other sources of help and information.

Mensaje para los adultos

Una de las primeras cosas que les enseñamos a los niños es aprender a reconocer las distintas partes de sus cuerpos. A medida que crecen esta enseñanza debe ampliarse un poco más: que ciertas partes de sus cuerpos son privadas y solo les pertenece a ellos.

Al igual que enseñamos a los pequeños qué hacer en caso de incendio, debemos enseñarles qué hacer si alguien los toca de manera inapropiada, o son obligados a tocar a alguien también de manera inapropiada. Este es el principal mensaje de *Mi cuerpo me pertenece*: si alguien te toca de manera inapropiada, debes *comunicarlo*.

Desafortunadamente la gran mayoría de los niños que son abusados sexualmente *no* comunican el abuso de inmediato y como resultado a menudo el abuso se convierte en un problema más serio. Hay muchas razones por las cuales un niño permanece en silencio. Tal vez el abusador dice que lo ocurrido es un secreto o quizás el niño se siente culpable. Si a un niño no se le enseña que hay partes de su cuerpo que son privadas, puede que sea muy pequeño para comprender que este comportamiento es incorrecto.

Cualquier niño, sin importar su sexo, la edad o su lugar de origen, puede ser víctima de abuso y sin embargo con frecuencia los adultos no saben cómo o cuándo abordar este tema con los niños. Este libro ha sido creado para niños entre los 3 y 8 años de edad. *Mi cuerpo me pertenece* puede ayudarlo a iniciar esta difícil conversación con los niños de manera directa y sensible para tratar el tema sobre la privacidad del cuerpo y la seguridad.

Jill

Nota. En las páginas 28–31 encontrará sugerencias sobre cómo poner en práctica este libro con los niños. En las páginas 32–33 encontrará una lista de otras fuentes de ayuda e información.

This is my body,
and it belongs just to me.

I have **knees** and **elbows**
and lots of parts you see.

Este es mi cuerpo
y solo me pertenece a mí.

Tengo **rodillas** y **codos**
y muchas partes que puedes ver aquí.

3

Other parts I have
are not in open view.

I call them my private parts.
Of course, you have them too.

Tengo otras partes
que no están a la vista.

Yo las llamo mis partes privadas.
Por supuesto, tú las tienes también.

Mom and Dad once told me
I was their little gem,

and if someone hurt me
to always come to them.

Mamá y papá una vez me dijeron
que yo era su pequeño tesoro,

y si alguien me lastima
siempre puedo contarles todo.

One day when we were visiting
my Uncle Johnny's house,

I was playing with some toys,
quiet as a mouse.

8

Un día, cuando fuimos de visita a
la casa de mi tío Johnny,

yo estaba jugando con varios juguetes,
calladito como un ratón.

My uncle's friend came over
and sat down next to me,

and touched me in that place
that no one else can see.

El amigo de mi tío vino
y se sentó junto a mí,

y me tocó en esa parte
que solo me pertenece a mí.

11

12

I got so scared I froze
and just stayed where I sat.

     I thought: This is MY body!
     Why did he do that?

Me asusté tanto que me quedé sentado e
inmóvil en el mismo lugar.

     Y pensé: ¡Este es MÍ cuerpo!
     ¿Por qué me quiso tocar?

He said it was our secret
and told me not to tell.

But I ran away real fast,
and then began to yell.

Dijo que era nuestro secreto
y me dijo que no lo podía contar.

Pero me escapé corriendo muy rápido
y luego comencé a gritar.

15

I told my mom and dad
what had taken place.

They said that I was really brave
and then each kissed my face.

Le conté a mi mamá y papá
lo que acababa de suceder.

Me dijeron que yo era muy valiente
y luego me besaron en la frente.

17

Mom and Dad said they were proud
I told them right away.

It made me feel better too—
they believed what I had to say.

Mamá y papá dijeron que estaban orgullosos
porque les había contado de inmediato.

También me hizo sentir muy bien,
porque me creyeron lo que les acababa
de decir.

I learned if I was too scared
to tell my mom or dad,

I could have told my teacher
what made me feel so sad.

Aprendí que si estaba muy asustado
para contarle a mi mamá o papá,

podía haberle contado a mi maestro
sobre lo que me hizo sentir tan mal.

21

I know it wasn't my fault
and I did nothing wrong.

This is my body,
and I'm growing big and strong.

Sé que no fue mi culpa
y no hice nada malo.

Este es mi cuerpo
y estoy creciendo
grande y fuerte.

Suggestions for Sharing This Book with Children

The following are some tips for using *My Body Belongs to Me* with children.

1. **Use the story as a tool to begin a conversation.** Address the topic periodically to reinforce the message.

2. **Teach children the correct terms for their body parts.** Enable them to use language that will make them comfortable talking to you.

3. **Help children understand that their bodies have boundaries** and no one else has the right to cross those boundaries. Ask: What would you do if someone touched you on your _____? What if someone made you touch his or her _____? Who would you tell? Why is it important to tell? What would you do if the person said it was a secret? Encourage children to say that they should and would tell a trusted adult—whether that be a parent, a teacher, or another grown-up—right away.

4. **Discuss the importance of the rule "no secrets."** If you are using this book with your own children or with children in your family, put this rule into practice: if someone, even a grandparent, says something to the child like, "I'll get you an ice cream later, but it will be our secret," firmly but politely say, "We don't do secrets in our family." Then turn to the child and repeat, "We don't do secrets. We can tell each other everything."

5. **Be aware and open.** Keep in mind, especially when reading the book in a group setting, that you may be reading to a child who has already been touched in some way and is keeping it a secret. Convey that it is okay for children to tell someone even if the child has been keeping it a secret for a long time.

6. **Know the guidelines.** If you are using the book in an educational or counseling setting, be sure you have an understanding of how to respond if a child makes a disclosure. Every state has mandatory reporting laws that require teachers, counselors, and other professionals to make an immediate report when they learn of abusive situations. Several states have passed laws requiring schools to teach kids about sexual abuse prevention.

7. **Be sure not to respond to a disclosure with anger,** whether you are a parent, teacher, caregiver, or other adult working with children, Children

will often confuse anger toward the perpetrator with anger at them, which can then make them afraid to tell adults about abuse. If a child does make a disclosure, it is important to take it seriously and promptly report it to the appropriate authorities.

8. **Help each child identify a "safety zone person."** A safety zone person can be a teacher, a neighbor, a counselor, a family friend, a figure in the child's faith community, or anyone the child trusts and feels comfortable confiding in. Teach children that if they feel unable, unwilling, or afraid to tell a parent about behavior that made them feel uncomfortable, they should tell their safety zone person. Children can also go to this person for help with other challenging issues, such as bullying. Ideally, the safety zone person should be advised that they have been chosen and should be instructed to discuss any red-flag situations with the child's parents or caregivers in a timely manner.

9. **Keep in mind that child predators often try to entice or intrigue children** they target by offering something inappropriate, such as letting them watch an adult movie, miss school, smoke a cigarette, or drink alcohol. Children will often be reluctant to tell about inappropriate touching for fear they will get in trouble for the forbidden behavior. Explain to children that if someone touches them inappropriately, they should tell a parent or safety zone person, even if they did something that they were not allowed to do. Similarly, if you are sharing this book with children in your own family, teach them that they can come to you to discuss anything, even if they are worried about getting in trouble. Convey to them that you will listen with an open mind, even if they were doing something they should not have been doing.

10. **Encourage children to tell you or other adults about things that happen to them** that make them feel scared, sad, or uncomfortable. If children have an open line of communication, they will be more inclined to alert you to something inappropriate early on.

11. **Let children decide for themselves how they want to express affection.** Children should not be forced to hug or kiss if it makes them feel uncomfortable. Allowing children to set these boundaries regarding physical contact will empower them to say no to inappropriate touching.

12. **Encourage children to trust their feelings.** If something doesn't feel right, they should get away as soon as possible and tell someone about it.

Revisit these suggestions regularly to help you introduce and explore this important topic with young children. We can teach children about water safety without making them fearful of water. We need to do the same when it comes to keeping their bodies safe. By following these steps, together we can help break the cycle of child abuse.

Where to Find Help and Information

Childhelp
1-800-4-A-CHILD (1-800-422-4453)
childhelp.org
Childhelp is a national nonprofit organization with a mission of helping victims of child abuse and neglect, with a focus on prevention, intervention, and treatment. Childhelp runs the National Child Abuse Hotline, which operates 24 hours a day, 7 days a week.

Darkness to Light
1-866-FOR-LIGHT (1-866-367-5444)
d2l.org
Darkness to Light's mission is to shift responsibility for preventing child sexual abuse from children to adults by providing information on how to prevent, recognize, and react responsibly to child sexual abuse.

Jacob Wetterling Resource Center (JWRC)
1-800-325-HOPE (1-800-325-4673)
zeroabuseproject.org/victim-assistance/jwrc
JWRC's mission is to educate families and communities and prevent the exploitation of children. JWRC provides resources, support, and education to ensure every child grows up in a healthy, safe world free from exploitation and abduction.

National Center for Missing & Exploited Children (NCMEC)
1-800-THE-LOST (1-800-843-5678)
missingkids.org
NCMEC is a public-private partnership serving as a national clearinghouse for information on missing children and the prevention of child victimization. NCMEC works in conjunction with the US Department of Justice's Office of Juvenile Justice and Delinquency Prevention.

RAINN
1-800-656-HOPE (1-800-656-4673)
rainn.org
RAINN (Rape, Abuse & Incest National Network) is the nation's largest anti-sexual assault organization. RAINN created the National Sexual Assault Hotline, which it operates in partnership with more than 1,100 local rape crisis centers across the country. RAINN also carries out programs to prevent sexual assault, help victims, and ensure that rapists are brought to justice.

Stop It Now!
1-888-PREVENT (1-888-773-8368)
stopitnow.org
Stop It Now! offers adults the tools they need to prevent sexual abuse before a child is harmed. They provide support, information, and resources that enable individuals and families to keep children safe and create healthier communities. In collaboration with a network of community-based programs, they reach out to adults who are concerned about their own or others' sexualized behavior toward children.

Stop the Silence: Stop Child Sexual Abuse
stopthesilence.org
Stop the Silence works with others toward the prevention and treatment of child sexual abuse. The worldwide mission of Stop the Silence is to expose and stop child abuse, help survivors heal, and celebrate the lives of those healed.

Sugerencias para compartir este libro con los niños

A continuación encontrará algunas sugerencias para poner en práctica con los niños *Mi cuerpo me pertenece*.

1. **Utilice la historia como ayuda para iniciar una conversación.** Hable sobre el tema de vez en cuando para reafirmar el mensaje.

2. **Enséñeles a los niños los nombres correctos de las partes de sus cuerpos.** Permítales que utilicen el vocabulario que más se les facilita para que se sientan cómodos al hablar con usted.

3. **Ayúdeles a los niños a entender que sus cuerpos tienen partes privadas** y que nadie más tiene el derecho a tocar esas partes. Pregunte: ¿Qué harías si alguien te toca en tu _____? ¿Qué pasa si alguien te hizo que tocaras su _____? ¿A quién le contarías? ¿Por qué es importante contarlo? ¿Qué harías si esa persona te dijo que eso es un secreto? Aliente a los niños a que deberían hablarle a un adulto de confianza, ya sea a uno de sus padres, a un maestro o a otro adulto, y contarle lo sucedido de inmediato.

4. **Hable sobre la importancia de la regla "no hay secretos".** Si está poniendo en práctica este libro con sus propios hijos o con los niños de su familia, ponga esta regla en práctica: si alguien, incluso uno de los abuelos, dice algo al niño como "te voy a comprar un helado más tarde pero va a ser nuestro secreto", vamos a decir con firmeza y con cortesía: "En nuestra familia no tenemos secretos". Luego diríjase al niño y repita: "En nuestra familia no tenemos secretos. Aquí podemos contárnoslo todo".

5. **Tenga en cuenta las circunstancias y mantenga la mente abierta.** Tenga presente, especialmente cuando esté leyendo este libro a un grupo de niños, que puede estar dirigiéndose a un niño que ya ha sido molestado sexualmente de alguna manera y lo está manteniendo en secreto. Comuníqueles que pueden contarle a alguien lo sucedido, incluso si han estado guardando el secreto por mucho tiempo.

6. Conozca las reglas generales.
Si está utilizando este libro en un entorno educativo o terapéutico, asegúrese de saber cómo responder si un niño reporta un hecho. Cada estado en los Estados Unidos aplica leyes obligatorias de notificación que requieren que los maestros, consejeros y otros profesionales reporten de inmediato cuando tienen conocimiento de situaciones de abuso. Varios estados han aprobado leyes que requieren que las escuelas enseñen a los niños sobre la prevención del abuso sexual.

7. Asegúrese de no responder con enojo a este tipo de declaraciones, ya sea que usted sea padre de familia, maestro, quien cuida a los niños u otro adulto que trabaja con niños. Con frecuencia los niños confundirán el enojo hacia el perpetrador con el enojo hacia ellos mismos y puede causarles temor la idea de contarles a los adultos sobre el abuso. Si un niño hace este tipo de declaración, es importante tomarla en serio y reportarla de inmediato a las autoridades correspondientes.

29

8. **Ayude a cada niño a identificar a una "persona con quien ellos se sienten seguros".** Esta persona puede ser un maestro, un vecino, un consejero, un amigo de la familia, una figura en la comunidad religiosa o cualquier persona con la que los niños se sientan cómodos y confiados. Enséñeles que si se sienten incapaces, renuentes o temerosos de contarle a uno de los padres sobre el comportamiento que los hizo sentir incómodos, deben informar a la persona con quien se sienten seguros. También pueden acudir a esta persona para pedir ayuda con otros problemas difíciles como la intimidación. Es recomendable informarle a la persona que ha sido elegida para indicarle que debe reportar cualquier situación sospechosa lo más pronto posible a los padres o a quienes cuidan el niño.

9. **Tenga en cuenta que quienes abusan sexualmente de los niños a menudo intentan persuadir o intrigar** a sus víctimas ofreciéndoles algo inapropiado, como dejarlos ver una película para adultos, faltar a la escuela, fumar un cigarrillo o beber alcohol. Con frecuencia los niños se mostrarán reacios a hablar sobre el contacto físico inapropiado por temor a meterse en problemas debido al comportamiento prohibido. Explíqueles que si alguien los toca de manera inapropiada, deben contarle a los padres o a la persona con quien ellos se sienten seguros incluso si han hecho algo que no se les permite hacer. En el caso de que esté compartiendo este libro con niños de su propia familia, enséñeles que pueden acudir a usted para hablar sobre cualquier cosa, incluso si están preocupados por meterse en problemas. Comuníqueles que escuchará con una mente abierta aún si hicieron algo que se les tenía prohibido.

10. **Motive a los niños a que le cuenten a usted o a otros adultos sobre las cosas que les suceden** y que los hacen sentir con miedo, tristes o incómodos. Si los niños se sienten cómodos al hablar con usted, estarán más dispuestos a avisarle desde el momento que suceda algo inapropiado.

30

11. **Permita que los niños decidan por sí mismos la manera como quieren expresar sus sentimientos de afecto.** No deben ser forzados a abrazar o besar a alguien si eso los hace sentir incómodos. Dejar que los niños establezcan los límites con respecto al contacto físico les dará el poder necesario para rechazar el contacto inapropiado.

12. **Motive a los niños a que confíen en sus propios sentimientos.** Si algo no los hace sentir bien, deberán alejarse lo antes posible de la situación y comunicárselo a alguien.

Lea estas sugerencias con frecuencia como ayuda para presentar y explorar este tema importante con los niños. Los niños pueden aprender sobre el cuidado que deben tener cuando juegan con el agua sin hacer que le teman al agua. Necesitamos hacer lo mismo cuando se trata de mantener sus cuerpos seguros. Al seguir estos pasos, podemos ayudar a romper el ciclo de abuso sexual infantil.

Dónde encontrar ayuda e información

Childhelp
1-800-4-A-CHILD (1-800-422-4453)
childhelp.org
Childhelp es una organización nacional sin fines de lucro con la misión de ayudar a las víctimas de abuso y negligencia infantil enfocándose en la prevención, la intervención y el tratamiento. *Childhelp* tiene a su disposición una Línea Telefónica Directa Nacional de Abuso Infantil que funciona las 24 horas del día, los 7 días de la semana.

Darkness to Light
1-866-FOR-LIGHT (1-866-367-5444)
d2l.org
La misión de *Darkness to Light* es enfocar la responsabilidad de prevenir el abuso sexual infantil hacia los adultos y no hacia los niños proporcionando información sobre cómo prevenir, reconocer y reaccionar de manera responsable ante el abuso sexual infantil.

Jacob Wetterling Resource Center (JWRC)
1-800-325-HOPE (1-800-325-4673)
zeroabuseproject.org/victim-assistance/jwrc

La misión de *Jacob Wetterling Resource Center* (Centro de información Jacob Wetterling), (*JWRC*, por sus siglas en inglés), es educar a las familias y las comunidades y prevenir la explotación de los niños. *JWRC* proporciona información, apoyo y educación para garantizar que cada niño crezca en un ambiente sano, seguro y libre de explotación y rapto.

National Center for Missing & Exploited Children (NCMEC)
1-800-THE-LOST (1-800-843-5678)
missingkids.org
El *National Center for Missing & Exploited Children* (Centro nacional para niños extraviados y explotados), (*NCMEC*, por sus siglas en inglés), es una asociación pública-privada que sirve como centro de intercambio de información nacional sobre los niños desaparecidos y la prevención de la victimización infantil. El *NCMEC* trabaja en conjunto con la *US Department of Justice's Office of Juvenile Justice and Delinquency Prevention* (Oficina de justicia juvenil y prevención de la delincuencia del Departamento de Justicia de los Estados Unidos).

RAINN
1-800-656-HOPE (1-800-656-4673)
rainn.org
La organización *Rape, Abuse & Incest National Network* (Red nacional de violación, abuso e incesto), (*RAINN*, por sus siglas en inglés), es la organización contra el abuso sexual más grande en los Estados Unidos. *RAINN* creó la National Sexual Assault Hotline (Línea telefónica directa nacional de agresión sexual) que opera en asociación con más de 1100 centros locales de crisis por violación en todo el país. *RAINN* también lleva a cabo programas para prevenir la agresión sexual, ayudar a las víctimas y garantizar que los violadores sean llevados ante la justicia.

Stop It Now!
1-888-PREVENT (1-888-773-8368)
stopitnow.org
Stop It Now! ofrece a los adultos las herramientas necesarias para prevenir el abuso sexual infantil antes de que cause daño en el niño. Provee apoyo, información y recursos que permiten a las personas y familias mantener a los niños seguros y crear comunidades más saludables. Se enfoca en adultos afectados por su propio comportamiento sexual (o el de los demás) hacia los niños a través de la colaboración con una red de programas basados en la comunidad.

Stop the Silence: Stop Child Sexual Abuse
stopthesilence.org
Stop the Silence trabaja con otras organizaciones para la prevención y el tratamiento del abuso sexual infantil. La misión mundial de esta entidad es poner al descubierto y detener el abuso infantil, ayudar a la recuperación de las víctimas y celebrar con quienes se han recuperado.

About the Author

Jill Starishevsky has been an assistant district attorney in New York City since 1997, where she has prosecuted thousands of sex offenders and dedicated her career to seeking justice for victims of child abuse and sex crimes. Her mission to protect children, along with her love of poetry, inspired *My Body Belongs to Me*. A mother of three, Jill has been featured on *The Oprah Winfrey Show* and is also a prevention specialist who teaches how to recognize and prevent child sexual abuse. Her website is **mybodybelongstome.com**. Jill lives in New York City.

Sobre la Autora

Jill Starishevsky ha sido fiscal asistente del distrito en la ciudad de Nueva York desde 1997 donde ha procesado a miles de delincuentes sexuales y ha dedicado su carrera en busca de la justicia para las víctimas del abuso infantil y los delitos sexuales. Su misión de proteger a los niños, junto con su amor por la poesía, fue la inspiración en la creación de *Mi Cuerpo me Pertenece*. Jill, madre de tres hijos, ha aparecido en el programa *The Oprah Winfrey Show* y también es una especialista en prevención que enseña cómo reconocer y prevenir el abuso sexual infantil. Su sitio web es **mybodybelongstome.com**. Jill vive en la ciudad de Nueva York.

About the Illustrator

Angela Padrón is a writer and illustrator of children's books and educational material. She earned her M.F.A. in illustration from Academy of Art University, and she also works as an adjunct professor. Angela enjoys spending time in her studio creating works of art using batik, watercolor, pastels, and charcoal, or relaxing at the beach with her family. She lives in Pembroke Pines, Florida.

Sobre la ilustradora

Angela Padrón es escritora e ilustradora de libros infantiles y material educativo. Tiene una maestría en Bellas Artes e Ilustración de la escuela *Academy of Art University* y también trabaja como profesora adjunta. Disfruta pasar el tiempo en su estudio creando obras de arte con "batik" (técnica de teñido), acuarela, pasteles y carbón, o relajándose en la playa con su familia. Ángela vive en Pembroke Pines, Florida.

Other Great Books from Free Spirit

I'm Like You, You're Like Me
Yo soy como tú, tú eres como yo
A Book About Understanding and
Appreciating Each Other
Un libro para entendernos y apreciarnos
by Cindy Gainer, illustrated by Miki Sakamoto

For ages 3–8.
48 pp.; PB; color illust.; 11¼" x 9¼".

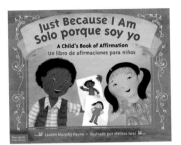

Just Because I Am
Solo porque soy yo
A Child's Book of Affirmation
Un libro de afirmaciones para niños
by Lauren Murphy Payne, MSW, LCSW,
illustrated by Melissa Iwai

For ages 3–8.
42 pp; PB; color illust.; 11¼" x 9¼".

We Can Get Along
Podemos llevarnos bien
A Child's Book of Choices
Un libro de alternativas para niños
by Lauren Murphy Payne, MSW, LCSW,
illustrated by Melissa Iwai

For ages 3–8.
46 pp.; PB; color illust.; 11¼" x 9¼".

Listen and Learn
Escucha y aprende
by Cheri J. Meiners, M.Ed.

For ages 4–8.
48 pp.; PB; color illust.; 9" x 9".

Know and Follow Rules
Saber y seguir las reglas
by Cheri J. Meiners, M.Ed.

For ages 4–8.
48 pp.; PB; color illust.; 9" x 9".

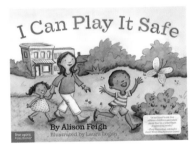

I Can Play It Safe
by Alison Feigh, illustrated by Laura Logan

For ages 4–8.
32 pp.; HC; color illust.; 10¼" x 7¾".

Interested in purchasing multiple quantities and receiving volume discounts?
Contact edsales@freespirit.com or call 1.800.735.7323 and ask for Education Sales.

Many Free Spirit authors are available for speaking engagements, workshops, and keynotes.
Contact speakers@freespirit.com or call 1.800.735.7323.

For pricing information, to place an order, or to request a free catalog, contact:

Free Spirit Publishing Inc. • 6325 Sandburg Road • Suite 100 • Minneapolis, MN 55427-3674
toll-free 800.735.7323 • local 612.338.2068 • fax 612.337.5050 • help4kids@freespirit.com • freespirit.com